Gar nichts*!

Nada de nada!

Not a sausage!

Nic a nic!

Band II

*Gar nichts:
Verstärkte Negation: Um eine Verneinung zu verstärken, wird das Adverb
„gar" (im Sinne von überhaupt) dem Negationspartikel „nicht"
vorangestellt. Mit anderen Worten:
Weniger als nichts! oder Überhaupt nichts!

Wilfried F. W. Oppermann / Justyna K. Kwiatkowska

Impressum:

ISBN: 978-3-7557-3504-5
Herausgeber: Wilfried F. W. Oppermann
Verantwortlich für den Inhalt: Dieses Buch hat keinen Inhalt
Umschlaggestaltung: Justyna K. Kwiatkowska
Herstellung und Verlag: BoD - Books on Demand, Norderstedt